EXTRAIT D'VNE LETTRE

escrite d'Amsterdam en Hollande le viij. iour de Iuin 1607 Contenant diuerses notables particularitez en la desfaite de la Flotte d'Espagne pres du destroit de Gibraltar.

M. DC. VII.

On void l'espouuantable fouldre
En la mer fondre bien souuent,
Et le plus redoutable vent
Se rõpre contre vn peu de pouldre.

EX-

EXTRAIT.

IE vous escriuoy' en mes precedentes, que nos gens auoyent mis en mer vingt-cinq ou trente nauires de guerre pour roder les costes d'Espagne. Le Chef de ceste petite Flotte estoit vn certain de ceste ville d'Amsterdam, nommé Heemskerke, homme de quarante ans, lequel auoit, il y a deux ou trois ans, esté aux Indes, & auoit attrapé ceste fameuse Caraque (dont vous auez oui parler) chargée d'vn tres-riche butin. Cest homme estoit vn vray Neptune, & extremement convoiteux d'acquerir honneur par quelque notable exploit sur mer. Aussi a-il rencontré ce qu'il desiroit. Car estant sur les costes de Portugal, il entédit qu'il y auoit au destroit de Gibraltar vingt ou vingtcinq Nauires & Galions Espagnols, qui empeschoyent aux nostres la nauigation de la mer mediterranée: & y a grand nombre de nauires de ce pays, qui negotians en Italie & plus auant eussent esté en tresgrand danger au retour à la rencontre de ces Galions. Heemskerke se resolut de les aller trouuer pour les combattre. Eux entendans qu'on pourroit venir les attaquer, s'estoyent renforcez de bon nombre d'hommes, & mis à la rade sous le chasteau de Gibraltar, pour estre fauorisez de l'artillerie de ce chasteau. Ce nonobstant les nostres allerent contre, auec telle resolution, que nostre nauire Admirale, où estoit Heemskerke, voguant la premiere, se iotta tout au milieu de la flote ennemie, & descouurant l'Admirale Espagnole s'en approcha courageusement, puis sans se soucier des Canonnades l'acrocha, secondée des autres vaisseaux, qui chascun aborderent quelque nauire d'Espagne. Le conflict commença par force coups de Canon, de l'vn desquels le susdit Heemskerke eut vne cuisse emportée, & ne vescut qu'vn quart d'heure apres: durant lequel quart d'heure il exhorta ses gens de poursuiure courageusement le combat, ordõna que son espée fust donnée à vn autre qui seroit reconu pour chef en sa place, & recommanda deuotement son ame à Dieu. Les Espagnols estoyẽt en nombre de trois mille hommes d'eslite pour le combat: les nostres ne montoyent pas au tiers de tel nombre. Ce neantmoins l'issue du combat a esté telle que treize grands nauires Espagnols ont esté mis à fond, les autres iettez sur le riuage, & bruslez par les Espagnols mesmes, depeur que les nostres s'en seruissent. Le nombre des eschappez est petit. Entre autres ils ont perdu leur Admirale, sur laquelle y auoit quatre cens hommes, & septante bonnes pieces de Canon. L'Admiral, nommé Don Iuan Aluares d'Auila y est demeuré, le Viç'Admiral aussi & tous les principaux Chefs. Les nostres n'ont perdu pas vn seul nauire: mais quelques vns y ont esté tuéz iusques au nombre de Cent, & septante blessez. Les Espagnols mesprisoyent fort les nostres auant le combat, & ne pensoyent nullement estre attaquez, se fians sur le nombre de leurs gens, sur leurs Canons, sur la faueur du chasteau voisin, & sur la grandeur de leurs vaisseaux, surpassans en longueur & hauteur les temples communs & de moyenne capacité, comme de trente à quarante grands pas de long, & dix ou douze de large. Au contraire ceux de Hollande n'estoyent si grands de moitié. Ce conflict dura pres de cinq heures.

Iamais

Iamais ne fut combatu sur mer auec tãt d'animosité de part & d'autre, ni auec tant de bruit de voix & d'artillerie, ni auec tant de fumée tant du canon que de plusieurs nauires mis en feu, dont la flamme a esté si grande que les voiles d'aucuns des nostres en ont esté bruslez.

Entre les particularitez de ce conflict, en voici vne notable. Il y auoit en vn Nauire de l'ennemi quelques pauures forçats Hollandois. Le Capitaine du Nauire, se voyant en danger de tomber és mains de nos gens, commanda à vn sien Caporal de descendre au fond du Nauire, où ces forçats estoyent enchainez & de les esgorger. Le Caporal descendu pour tel effect, comme il estoit sur le poinct de faire l'execution, fut tué d'vn coup de canon: ce que le Capitaine entendant y envoya vn More pour faire ceste execution: lequel More fut pareillement emporté d'vne autre canonnade. Et au mesme temps vn troisiesme coup de Canon donnant pres de ces forçats, la chaine dont ils estoyent liez fut brizee, & eux par ce moyen deliurez. Ce mesme nauire acroché d'vn des nostres, tous les Espagnols trouuez dedans furent iettez en la mer, & les forçats pleinement rescous. Nos nauires victorieux sont encore le long des costes de Portugal, où ils font du rauage aux Espagnols. Le corps de Heemskerke a esté apporté embausmé en ceste ville, où il sera enterré fort honnorablement ce iourd'hui. N'eust esté sa mort on eust mené grande resjouissance de ceste victoire auec feux de ioye. Il est fort regretté & sa vaillance offusque le nom de l'Amiral precedent, qui l'hiuer dernier en lieu de prester combat se retira, laissant son Viçamiral engagé parmi dixsept gallions, contre lesquels il se defédit trois iours & trois nuicts auec vne hardiesse & valeur incroyable. Au quatrieme iour, n'en pouuant plus, & son vaisseau tout brizé de canõnades, lui & les siens apres vne triple fanfare de trompettes, mirent le feu en leurs pouldres, aimans mieux mourir que tomber es mains des Espagnols.

A LA MEMOIRE DE IAQVES VAN HEEMSKERKE, Admiral De Hollande.

Que Phœbus s'avance & recule:
Tandis qu'au ciel on le verra,
HEMSKERK, ta valeur demeurra
Grauée es colomnes d'Hercule.

FIN.

tres, il les attaint aupres d'vn bois à trois lieuës de là : eux eſtant iuſques au nombre d'enuirõ trente cuiraſſes, ſe mettent en deffence, & y euſt quelques morts tant d'vn coſté que d'autre, mais le monde y abordant à la file de tous coſtez, comme pour eſteindre le brazier qui deuoroit le repos de tout le païs, ils furent contraincts de ſe mettre en fuite, laiſſant trois ou quatre de leurs compagnõs priſonniers, qui furent le lendemain mis ſur la rouë à Beſſay, qui eſt là aupres.

Que diray-ie d'auantage? ils prindrent vn Gentilhomme, grand Seigneur de là aupres, & apres luy auoir bandé les yeux, ils le menerent à trauers le bois iuſqu'à leur fortereſſe, puis eſtant là ils le deboucherent, luy monſtrerent tout là dedãs, force munitions tant de guerre, que pour le viure, auec vn moulin à bras, & vn four, deux petites pieces de campagne, à force mouſquets & harquebuzes, picques, grenades, petards, & autres engins tãt pour l'offenciue que pour la deffenciue : puis les autres fortifications, des foſſez à plein de euue, vn pont leuis, auec vn rauelin enclos d'vne palliſſade, & pour dire en vn mot, il y remarqua tant de fortifications qu'il luy ſembloit imprenable. Ils le menerent auſſi en vne grande ſalle toute tapissee de cuir d'Espagne figuré, qu'ils auoiẽt vollé en vn nauire le long de la mer : mais ainsi qu'on le conduisoit Guillery luy mit le pistolet à la gorge, & luy fit iurer sur peine de la vie, qu'il ne leur seroit iamais contraire. Apres cela on luy presente le disner, où il fut traicté fort magnifiquement, & tout en vaisselle d'argent, & puis apres s'estre bien promenez & bien discouru ensemble, on lui reboucha la veuë, & le r'amena-on iusques au bord du bois d'où on le renuoya.

Mais quoy? Dieu s'ennuye de leurs meschãcetez, & ne peut plus permettre que ceste trame soït roulee plus auant, tout le mõde murmure, & la France ne peut plus supporter ceste peste sur le cœur, sans la vomir: ils s'enflamment tousiours de plus en plus, & se descouurent eux-mesmes, mettant certains écriteaux par les chemins, par lesquels ils denõcent, qu'ils vouloient la vie de messieurs de la Iustice, l'argent des Marchands, & le pillage & rãçon des Gentilshõmes: rencontrent le Preuost Fontenay, le chargent, prennent quelques-vns de ses gens, & s'il ne se fust sauué de legereté, il tomboit entre ses mains: de sorte que personne ne pouuãt trafiquer en toute la Bretaigne ni le bas Poictou, par ce qu'il a vn esprit familier, par lequel

quel il se fait porter par tout là où il veut en moins de rien, de façon qu'on le verra quelquefois le matin aupres de Nantes,& le soir il sera autour de Rouen, d'Orleans,& autres lieux semblables, s'accostant des marchans comme s'il alloit aux foires,& puis quand il voit la commodité il les destrousse, & leur oste tous leurs biens. La Cour en est aduertie, qui mande à Mõsieur de Parabolle Gouuerneur de Niort,& à tous les officiers d'autour, qu'on mit diligence de les attraper: Ce qu'estãt receu, tous les Preuosts s'assemblẽt, iusques au nombre de dixhuict ou vingt, cõduits par le grãd Preuost de Bretagne, auec toute la Commune qu'ils assemblerent incontinent de par tout, iusqu'au nombre de enuiron quatre mille cinq cens hommes: & de ce pas s'en vont assieger le bois où le Gẽtilhomme qui auoit esté en leur chasteau, les mena,& courant de tous costez ils trouuent à la fin ceste forteresse en vn petit vallon, entre force arbres qui la couuroient fort bien de tous costez, de façon qu'à peine pouuoit-on la descouurir.

Il y auoit Monsieur le grand Preuost, celuy de Poictiers, de Fontenay, de Renes, de Nantes, d'Angers, de Touart, de Saumur, de Loduun, de Partenay, de la Rochelle, Niort,

Sainct Iean d'Angely, de Lymoges, Siuray, de Montmorillon, auec quelques autres, & auec quatre couleurines ils se mettent à les battre. La batterie dure tout vn iour, & eux qui estoient dedans enuiron trois cens, se mettent en deuoir de se deffendre: mais à la fin Guillery voyant qu'il ne pouuoit tenir longtemps, sort de furie auec ses gens à la desesperade, & fendant la presse bien mõté & armé de toutes pieces, passe outre auec quelques vns de ses gens qui estoient les mieux montez, & le reste estant chargé, & suiuy de pres, furent pris auec le Cadet de Guillery, qui fut accablé sous la foule qui le arresta, & tandis les autres passent outre à tirer vers la mer, où ils trouuent vn nauire sur le bord, qu'ils rauagent, & tuent la pluspart de ceux qui estoient dedans, puis ils se mettent sur mer, où ils se sont encor mis à escumer, & y ont faict plusieurs volleries.

Le Cadet donc de Guillery estãt demeuré pris auec enuiron quatre-vingts de ses gens, il est mené à Nantes, où son procés luy fut faict dés le lendemain, & luy condamné à la roüe auec tous ses complices, qui furent emmenez par les villes là aupres, & mis sur la roüe en plusieurs lieux pour dõner exemple: mais luy fut executé à Nantes, où estant

sur

l'eſchaffaut, d'vn viſage raſſis, & d'vne contenance qui marquoit ſon aſſeurance, ſans aucun effroy, il arracha ces pitoyables paroles du milieu de ſes remords, qu'il pouſſe dehors en preſence de toute l'aſſiſtance, qui eſtoit composée d'vne infinité de perſonnes qui accouroient de toutes parts à ceſt ſpectacle.

Ie penſe qu'il n'y a perſonne de vous autres, Meſſieurs, qui ne ſoit icy pour contẽter ſes deſirs en la peine qu'on dedie à mõ ſupplice, mais quand on aura mis en la balance tout le faict de mon deſtin, vous donnerez pluſtoſt des larmes à ma fortune, que vos deſirs à l'accompliſſemẽt de ceſte miſerable prophetie de ma deffaite. Il eſt vray, ç'à eſté moy-meſme qui ay tendu l'eſchelle au malheur, par laquelle il m'a mõté ſur ceſt eſchaffaut odieux, & que mes meſfaicts ont eſté les degrez par lequel ie m'y ſuis porté : mais quoy ? ç'a eſté vn coup à qui ie ne pouuoy gauchir, & vn paſſage, qu'il me falloit trauerſer. Il y a icy beaucoup de gẽs qui ſçauent la maiſon d'où ie ſuis ſorty, laquelle doit auiourd'huy voir vne ſi faſcheuſe tache eſtre attachee à la memoire de la poſterité, qui ternira ſon renom au ſouuenir de ma faute. En diſant ces mots les larmes luy commencent à couler le long des ioües,puis se tournant de l'autre costé,il dit.

Et bien,Messieurs, il n'est pas incompatible qu'il ne puisse sortir vn mauuais fruict d'vne bonne semence,selon le champ où il sera semé,qui le corromp quelquefois,ou la constellation des astres qui luy sera cõtraire: de façon que quand vous blasmerez ma fortune & celle de mes compagnons, je vous prie, & mes larmes vous y conuient, de ietter les yeux de vostre memoire sur mes ayeuls,qui n'ont iamais veu courir des ombrages si odieux que cela sur leur reputatiõ, & dont les vertus ne me deuoient presager que de merueille : mais quoy ? les meilleurs naturels peuuent estre corrompus, comme le mien,qui se laissant flatter aux persuasiõs de mõ frere,que le desespoir auoit enueloppé en ses toiles,s'est laissé emporter à ces debauchez , qui me font auiourd'huy dresser les cheueux à la cõtemplation de ma faute, & d'vne main odieuse me presentent ceste coupe funeste qu'il faut que i'aualle.Quand le malheur me rãgea à ses liens,ie iettay incontinent la veuë sur ce pas , que le presage de ma fortune me monstroit de loing : mais ma fragilité qui ne faisoit pas semblant de penetrer si auant, m'a tousiours poussé iusques

ques à la fin, ie me suis trouué sur le dernier saut de ma deffaicte, où il faut que la peine qu'on prepare à mõ corps satisface pour les forfaicts que i'ay commis. Il faict vne petite pause, puis tirant vn grand souspir, il dit encore:

Ie vous puis biẽ asseurer que la mort qu'il me faut endurer tout maintenãt ne me fasche point, puis qu'il nous faut tous passer ce passage, mais il n'y a que le chemin par où il faut que ie le frãchisse qui me soit fascheux, auec le blasme qui en doit courir sur mes parens, & les presages qui menacent encore mes freres de frapper au mesme caillou. Ie prie Dieu qu'il leur ouure les yeux pour les appeller à penitence, & leur faire changer le train de leur vie, afin que se retirant ils puissent attẽdre à vne fin plus heureuse. Et vous autres, Messieurs, consolez mes parens, leur remonstrant que si é ce iourd'huy la fortune fait courir ce nuage sur leur memoire, ils en doiuent combattre la douleur par la souuenance des vertus signalees de nos ayeulx, & que quand la memoire de nos desbauches leur trauaillera l'esprit, ils nous retranchent du nombre de leur famille, & s'imaginent comme si nous n'auions point esté. Cest oubly essuyera la playe de leurs douleurs, & ne laisse laisseront pas de suiure le chemin que nos ayeulx leur ont tracé : & vous autres, Messieurs, ie vous coniure d'auoir compassion de ma fortune, & de prier pour mon ame, à fin qu'il plaise à son Sauueur ne vouloir point auoir esgard à ses fautes, & que puis que il me faut icy seruir d'exemple pour brider le courage de ceux qui se voudroient attacher aux desordres où ie me suis enueloppé, il luy plaise vouloir ouurir la porte de son Paradis à mon ame.

Il se tourne vers ses compagnons, & apres les auoir encouragez de se monstrer constans à ce passage, il prie le bourreau de l'expedier le plus diligemment qu'il luy sera possible : & ayant recommandé son ame à Dieu, il s'estend sur l'eschaffaut, où il endura la mort d'vne constance nompareille, insques à ce qu'il rendit l'ame : Dieu vueille que soit entre ses mains. Ainsi soit-il.

FIN.

www.ingramcontent.com/pod-product-compliance
Lightning Source LLC
LaVergne TN
LVHW012022170826
845678LV00004BA/1607
9782329631684